Karl Robert Langewiesche (Hrsg.); Wilhelm Pinder
Burgen und Schlösser im deutschsprachigen Raum

SEVERUS Verlag

Langewiesche, Karl Robert (Hrsg); Pinder, Wilhelm: Burgen und Schlösser im deutschsprachigen Raum. 2020
Neuauflage der Ausgabe von 1917
ISBN: 978-3-96345-264-2

Korrektorat und Satz: Friederike Grube und Weronika Alicja Frajkur

Umschlaggestaltung: Annelie Lamers, SEVERUS Verlag
Umschlagmotiv: www.pixabay.com

Bibliografische Information der Deutschen Nationalbibliothek: Die Deutsche Nationalbibliothek verzeichnet diese Publikation in der Deutschen Nationalbibliografie; detaillierte bibliografische Daten sind im Internet über https://dnb.de abrufbar.

Der SEVERUS Verlag ist ein Imprint der Bedey & Thoms Media GmbH, Hermannstal 119k, 22119 Hamburg

SEVERUS Verlag, 2020
http://www.severus-verlag.de
Gedruckt in Deutschland

Karl Robert Langewiesche (Hrsg.);
Wilhelm Pinder

Burgen und Schlösser im deutschsprachigen Raum

Historischer Bildband vom Beginn des 20. Jahrhunderts

Inhalt

„Rumlich, christlich, auch tröstlich ist,
Dass man zu keiner Zeit vergisst,
Der alten lieben Vorfahren,
Die vor uns in dem Leben waren.“

Die alten Burgenansichten auf den ersten und letzten Seiten sind
(mit 2 Ausnahmen) Verkleinerungen nach Merian.

Vorwort

Die Auswahl war in diesem Falle noch mehr als bei irgendeinem früheren Bande dieser Bücherserie lediglich auf Andeutungen gegenüber einem wahrhaft ungeheueren Bestande angewiesen. Sie verzichtet gänzlich auf den in solcher Form doch nicht ausführbaren Versuch, die verwickelte und wissenschaftlich durchaus nicht immer klare Gestaltung des Wehrbaues von innen darzustellen, und scheut sich dafür nicht, sich gelegentlich der Grenze des Landschaftlichen zu nähern; beides, um lediglich diejenige Seite zu zeigen, mit der die Welt der Burgen und festen Schlösser für das heutige allgemeine Bewusstsein lebensfähig ist.

Sie geht nach Landschaften, nicht nach Zeiten vor und bewegt sich in mehreren großen Bogenwindungen einigermaßen, jedoch nicht völlig genau von Südwesten her (Oberrhein und Neckar) über Schwaben, das stammesdeutsche Alpengebiet, und Bayern durch Franken nach dem westlichen Mitteldeutschland zurück (Main, Mittelrhein, Lahn), biegt von da über Thüringen und Sachsen bis Schlesien aus, wendet wieder und gewinnt über den Harz hin das niedersächsische, westfälische und niederrheinische Gebiet, um bei dem östlichen Siedlerlande, dem Ordenslande sowie mit einem kurzen Ausblick auf siebenbürgisch-sächsische Kirchenburgen zu endigen. Im Allgemeinen [d.h. von begründeten Ausnahmen abgesehen] wurden Ruinen sowie Rekonstruktionen NICHT aufgenommen.

Bei der Auswahl der Bilder hat Herr Professor Dr. Pinder NUR ALS BERATER, jedoch NICHT als verantwortlicher Herausgeber, gewirkt. Die Einleitung, die er freundlicherweise auf einen besonderen Wunsch des Verlegers geschrieben hat, ist lediglich auf die oben angedeutete Art des Blickes eingestellt und versucht nur, sie begrifflich etwas näher zu begründen. Für alle eingehende Beschäftigung muss auf die Literatur verwiesen werden. Neben der täglich wachsenden Menge der Sonderschriften seien einzelne genannt: Otto Piper, Burgenkunde, III. verb. Aufl., München 1912 (mit Burgenlexikon für das deutsche Sprachgebiet), ferner Bodo Ebhardt, Deutsche Burgen, Berlin 1898–1908, v. Kerckerinck u. Klapheck, Alt-Westfalen, Stuttgart 1912, sowie die wichtige Zeitschrift „Der Burgwart".

Ortsverzeichnis der Abbildungen

bei Braubach 52 – MARTINSBURG bei Oberlahnstein 60 – MAYEN i. d. Eifel, Die Genovevaburg 56 – MEISSEN, Die Albrechtsburg 77 – MENZINGEN in Baden 8 – MEERSBURG am Bodensee 12 – MERGENTHEIM 13 – MERSEBURG 73 – MILLENDONCK bei M.-Gladbach 101 – MORITZBURG in Halle 72 – MÖNCHENGLADBACH, Schloss Millendonck 101 – NARVA in Estland 112 – NEUBURG a. d. Donau 29 – NEUBURG i. Oldenburg XII – NEUENSTEIN-Hohenlohe 15 – NEUHAUS in Braunschweig 88 – NOSSEN 75 – NÜRNBERG 38 – OBERLAHNSTEIN, Die Martinsburg 60 – OBERWESEL, Die Schönburg 58 – ÖHRINGEN, Schloss Neuenstein-Hohenlohe 15 – OELS in Schlesien 84 – ORTENSTEIN in Graubünden 19 – OSTERBURG bei Weida 66 – PARSBERG 35 – PASSAU 26 und IX – PERSEN 23 – PLASSENBURG bei Kulmbach 40 – QUEDLINBURG, Das Frauenstift 89 – RAPPOLTSWEILER 4 und 6 – RAPOTTENSTEIN, Niederösterreich 25 – RHEDEN in Westpreußen 107 – RHEYDT, Schloss Liedberg 100 – RIMPAR bei Würzburg 44 – ROCHLITZ a. d. Mulde 74 – RONNEBURG in Oberhessen 65 – RUDELSBURG a. d. Saale 71 – RUNKEL an der Lahn 60 und 63 – RUNKELSTEIN bei Bozen 21 – SALZBURG 24 – SCHEINFELD, Mittelfranken, Schloss Schwarzenberg 42 – SCHNELLENBERG bei Attendorn 67 – SCHÖNBURG bei Oberwesel 58 – SCHWÄBISCH HALL, Kloster Großkomburg 14 – SCHWARZENBERG bei Scheinfeld 42 – SCHWEINFURT, Schloss Mainberg 43 – SCHWERTBERG, Oberösterreich 23 – SIEGBURG VII – SPANGENBERG in Niederhessen 90 – STUTTGART 16 – SULZBACH i. d. Oberpfalz 33 – TANGERMÜNDE 104 – THUN, Schloss Zähringen-Kyburg 17 – TORGAU, Schloss Hartenfels 79 und 80 – TRAUSNITZ bei Landshut 34 – TREBNITZ a. d. Saale VIII – TROSTBURG bei Waidbruck 22 – TÜBINGEN 11 – TUTTLINGEN VI – ULRICHSBURG bei Rappoltsweiler 4 – VIECHTENSTEIN an der Donau 26 – VISCHERING in Westfalen 96 – VOHENSTRAUSS, Schloss Friedrichsburg 30 – WAIDBRUCK, Die Trostburg 22 – WALDECK, Schloss 95 – WARTBURG 68 – WEIDA in Sachsen, Die Osterburg 66 – WEILBURG 62 – WERTHEIM am Main 48 – WILDENSTEIN a. d. Donau XVI – WILLIBALDSBURG bei Eichstätt 36 – WIMPFEN AM BERG 1 – WITZENHAUSEN, Ruine Hanstein 86 – WURMLOCH, Siebenbürgen 110 – WÜRZBURG, Feste Marienberg 41 – ZITTAU, Schloss Alt-Hörnitz 81 – ZWINGENBERG am Neckar 2 und 3.

Burgen und feste Schlösser sind nicht nur Kunstwerke und wollen nicht nur als Kunstwerke gesehen sein. Sie wurzeln tiefer am Boden als etwa Kirchenbauten – mit denen man sie nicht gleichsetzen dürfte. Von der reinen Naturform der Landschaft bis zur reinen Kunstform der Architektur ist es ein weiter Weg. Ihr Ursprung verweist die Burg an seinen Beginn. Sein Ende braucht sie nicht zu erreichen, um wertvoll zu sein. Der erste Sinn ihrer Form ist die Veränderung gegebenen Geländes; sie will Herrschaft setzen und Schutz gewähren.

Das heißt, dass der Kern ihrer Gestaltung und der Kern des Kirchenbaues von entgegengesetzten Seiten her erwachsen. Der kirchliche Raum e n t r ü c k t; er umschließt ein geistiges Erlebnis, und er erreicht seine Vollendung, wenn er noch durch die Umfassung hindurch bis an die letzte Außenfläche heran die Sprache dieses Erlebnisses redet. Selbst, was wir „Gebrauchszweck" nennen, ist hier jenseits des täglichen Kampfes gelegen. Die Burg aber verdankt gerade diesem ihr Dasein; ihr Leben ist mit Not und Gefahr verstrickt, sie wächst in der gleichen Schicht mit dem Leben der Menschen, und ihre Sprache redet auch zu täglicheren Gefühlen.

Allerdings, im wirklichen Geschehen rücken auch ursprüngliche Gegensätze, wie Kirche und Burg, zusammen, verschlingen sich und verbinden sich. Auch die Kirche muss sich oft Bedingungen des niederen Lebens anbequemen, sie kann sogar zu einem Teile Wehrbau sein. Und dem Wehrbau wieder bleibt die Erhebung zum rein Schöpferischen nicht endgültig versagt.

Das Erste freilich muss ihm die Behauptung im Gelände und gegen das Gelände sein – eine monumentale Form von Kampf zwischen Bauwerk und Boden, um der bewehrten Stätte die Überlegenheit zu sichern, immer also eine ursprüngliche Scheidung von der Umgebung. Sie wird von selbst auf zwei Grundmöglichkeiten ausgehen: Erhebung über das Land und Absonderung vom Lande: Höhenburg und Wasserburg. Die Art des Gegners – der der Boden

selbst ist – bestimmt die Wahl der Kampfart: der Berg gegen das Tal, das Wasser gegen die Ebene. Auch hier kann in einem Lande und an einem Werke beides sich treffen und überkreuzen. Im Großen ergibt sich leicht, dass bei uns die Wasserburg im Tieflande, die Höhenburg in Ober- und Mitteldeutschland ihre Blüte finden musste.

Indem aber Bauwerk und Boden wie feindliche Brüder einander entgegentreten, ergreifen sie sich umso deutlicher in dem Eindruck der Form. Die Burg „beherrscht" die Landschaft, die Landschaft aber hält die Burg – noch gar nicht zu reden von der malerischen Bewältigung durch den Verfall – viel dichter in ihrer eigenen Lebensschicht als die Kirche, die wohl in sie, aber nicht gegen sie gestellt ist. Die Macht des Bodens, die sich irgendwie allem mitteilt, was über ihm gebaut ist, wird hier zwingender als bei Werken, die sich auf freiem Plane erheben. Die Landschaft liefert ganze Bauteile als fertige Form, ganze felsige Unterbauten und ganze felsige Wände. Eben dadurch wird der Reiz der Burgen so vielfältig; es wachsen ihnen Werte zu, die die Natur selbst geschaffen hat.

Zunächst sind das Werte, die nur durch eine heutige Verwechslung als künstlerisch gelten – verkleidete Naturgenüsse, die mit dem Eindruck der geschaffenen Form verschwimmen. Zugleich aber eröffnet sich doch auch einer der wichtigsten Wege zur künstlerischen Freiheit auch im Burgenbau: Es ist einem glücklichen Feingefühle eben doch möglich, die Windungen aufzuspüren, mit denen die Natur der künstlerischen Erscheinung entgegenkommt, sie schmiegsam auszunutzen und die Abhängigkeit zum Scheine der Freiheit umzudeuten. Die sichere Wahl der Umrisse wirkt dann bis auf die gewachsene Natur hinunter und zurück, das Gegebene selbst erscheint durch die Steigerung als gewollt. Natürlich ist es nicht immer leicht, das Hinzugewachsene im Gesamteindruck von dem bewusst Geplanten abzugrenzen; aber die leichtgläubige Hinnahme alles Zufälligen für Absicht wäre auch nicht falscher als der zu weit getriebene Verdacht, der alles der Natur zuschreiben wollte. Eine rechte Lahn-

oder Neckarburg ist nicht bloß durch zufällige Gunst der Landschaft so „stolz"
geworden, sie hat auch einen Kern von künstlerischem Willen und wird von
einer ähnlichen gefühlsmäßigen Berechnung getragen, wie sie am Limburger
Dome gebaut hat und wie sie schließlich, auf noch höherer Stufe, aus vollen-
deter Bewusstheit später Menschen, in der Anlage der Melker Klosterkirche
wiederkehrt.

Das ist also der eine Weg zum wahrhaft Schöpferischen: Umdeutung und
Höherdeutung des gegebenen Geländes. Der andere wäre die Verleugnung;
die Aufzwingung einer planvollen Regelmäßigkeit, die den Gang der Hauptformen aus unabhängiger Überlegung bestimmt. Also der schärfste Gegensatz,
nicht die Erhebung und stetige Verwandlung der Bodenform zur Kunstform,
sondern die Befreiung der Gestalt des Baues von jener des Geländes, nicht die
ausgenutzte Abhängigkeit, sondern die aufgezwungene Unabhängigkeit.

Diese zweite Möglichkeit steigt nur selten auf. Das Büdinger Schloss (Oberhessen) wäre ein wichtiges Beispiel aus romanischer Zeit, ein schon annähernd
kreisähnliches Dreizehneck, von Wasser umgeben. Hier erscheint, wenn auch
unfertig, die Absicht auf eine gedankenmäßige, d.h. innerlich rechnerische
Regelmäßigkeit der Form. Im Großen wird sie dann in den gewaltigen klöster-
lichen „Ritterkasernen" des Deutschen Ordens durchgeführt, die von bewun-
dernswerter Klarheit der Anordnung sind, frei nach außen und gesetzlich streng
in sich selbst. Zum allgemeinen Siege aber gelangt sie erst mit der Renaissance,
d.h. in Deutschland da und dort im sechzehnten Jahrhundert – so im Stuttgar-
ter Schlosse –, mit voller Entschiedenheit an der Wende zum siebzehnten, z.B.
im Aschaffenburger: geregeltes Viereck mit geregelter Turmzahl, Betonung der
Ecken und Zusammenziehung der Türme und der Mauern zu einer hingelager-
ten Wachstumseinheit; hier nach französischem Muster. Ein solcher Bau wirkt
zwar zugleich wundervoll malerisch im Aufstiege über das Wasser hin, aber
seine Form ist nicht notwendig darauf berechnet und wäre in der Ebene nicht
weniger lebensfähig; sie ist durch den Sieg der Regel von den Zufälligkeiten des
Bodenwuchses befreit.

Sicher ist, dass beide Möglichkeiten zugleich in einer gewissen geschichtlichen Ordnung stehen. Es gibt deutlich einen Weg von der unregelmäßigen
Gruppe zum bodenbefreiten System. Hier landen schließlich auch alle frei-
eren Bildungen, und erst von hier aus kann die Umwandlung zum festlichen
Schlosse und zum feineren Lusthause angetreten werden.

Und noch etwas anderes: Die Grundmöglichkeiten der rein künstlerischen
Gestaltung spiegeln in höherer Form die Grundmöglichkeiten der rein zweck-
vollen Anlage wider. Umdeutung oder Befreiung – Höhen-Entwicklung aus
dem Gelände oder Abtrennung vom Gelände – Höhenburg oder Wasserburg.
Die technische Absonderung ist auch der künstlerischen näher verwandt und
arbeitet ihr vor: Die Wasserburg erreicht am frühesten die kristallische Gesetz-
mäßigkeit in sich, die dann auch gleichsam von oben her dem bewegteren
Gelände aufgezwungen werden kann.

Die unablässige Verbindung, in der – schmiegsam oder herrisch – Burg und
Schloss von Natur her zum Lande steht, begründet zu einem Teile die unge-
heuere Volkstümlichkeit des alten Wehrbaues, besonders in Deutschland. Aber
nur zu einem Teile; es treten noch Werte hinzu, die erst die Art der späteren
Menschen ermöglicht hat, zum Teile halb, zum Teile gar nicht künstlerischer
Natur. Es sind die Wirkungen der Zeit, zunächst reine Wirkungen auf das Auge.
Verfall und Zerstörung – und gerade diese ist bei uns so häufig – ziehen das
Gebaute, selbst wo es kristallisch klar gemeint war, und umso mehr, je inniger
es von vornherein sich der Landschaft anschloss, in den Bereich der regello-
sen Naturschönheit hinein. Die zerbröckelten Massen, die zernagten Linien,
die Verdunklung und Verschwärzung der Farbe und endlich gar das pflanzli-
che Leben, das die geneigten und geborstenen Körper überquillt, sind lauter
Zerstörungen der Architektur, die im „Malerischen" wieder zur Auferstehung
helfen. Und endlich darf auf keinen Fall der (außerkünstlerische) Eindruck des
„Geschichtlichen" vergessen werden. Es gibt doch wirklich Menschen genug,
denen der Sinn der geschichtlichen Urkunde sogar weit über den künstlerischen
Reiz der Form geht, die also jedenfalls ein ehrliches und lebendiges Gefühl für

die Bezeugung vergangenen Lebens gerade durch den Wehrbau besitzen. Sie teilen es dem allgemeinen Bewusstsein mit, das es verwandelt, verschleiert, verdunkelt, immer doch aufnimmt; und schließlich verliert sich dieses Gefühl vom Wissen um Geschehenes bis in das Grenzenlose und Ungreifbare der Sagenbildung und der Volksdichtung hinaus.

Alles in allem: In dem lebendigen Gesamtwerte der alten Burgen und festen Schlösser ist das Künstlerische nur selten vollkommen zur Stelle, und selbst wo es erreicht und nicht zerstört ist, da ist es doch niemals allein. Eine große Reihe von Vorstellungen und Gefühlen fließen darin zusammen: der beredte Ausdruck des ursprünglichen Wehrzweckes, den wir trotz der ganz veränderten Formen der heutigen Kampfberechnung noch stark empfinden, der noch zu uralten Kräften und Erinnerungen in uns den Weg findet; der schöpferische Gedanke, der den Zweckbau zum Kunstwerke adeln will, ob er nur die Bewegung des Bodens zu Ende denkt oder ob er ihr frei entgegentritt; der weite Zusammenhang der Landschaft, der auch das selbständigste Bauwerk zuletzt als sein Rahmen in sich zieht, das ihm verwandte aber, und noch viel mehr das gesunkene und verfallende geradezu zur Natur werden lässt, bis es nicht mehr „gemacht", sondern „gewachsen" scheint; und endlich die Fülle ruhmreicher und schmerzlicher Erinnerungen, die das geschichtliche Bewusstsein hinzuträgt, als Wissen wie als Dichtung.

So erscheint zuletzt durch eine ganze Mischung von Eindrücken und Gefühlen hindurch und gerade darum, weil es sich keineswegs allein um Künstlerisches handelt, für jedes lebendige Gemüt die große zusammengesetzte Einheit, die alle empfinden, auch wer kein Bedürfnis hat, sie seinem Verstande klar zu machen: d a s L a n d. Burgen und feste Schlösser wirken heute als die Wahrzeichen der Länder, ja als die Sinnbilder der Stämme, unter denen sie errichtet sind.

Von hier aus ist wohl am sichersten die Reihe der hier folgenden Burgenbilder zu genießen; und weiter als bis hierher sollen auch diese paar vorbereitenden Sätze nicht getrieben werden. Sie wollen die Aufgabe einer sachlichen

Darstellung lieber gar nicht anrühren. Die ganze Menge der verschiedenen Bestimmungen (Kaiserpfalzen, Reichsburgen, Fürsten- und Bischofsburgen, Amtsvogteien, Edelsitze für Einzelne und für Ganerben – die sich zu mehreren darein teilen müssen – schließlich Ordensschlösser und Kirchenburgen) überkreuzt sich mit dem stetigen reichen Wandel der Stammesarten, der auf wenige Wegstunden schon dem Aufmerksamen fühlbar wird. Die Wanderung der Burgenbilder von den in Wald und Berg gewachsenen Rittervesten des Südwestens bis zu den großartig ernsten Ordensschlössern des Nordostens, die Kloster und Festung zugleich in strenger Schönheit und musterhaft klar ausprägen, lehrt das Auge selbst so mühelos wie denkbar, in schnell zusammenschießenden Eindrücken, die ungeheure Vielfältigkeit von Menschen und Boden ahnen: Deutschland, das alte große Land der Mitte, das den Norden und den Süden, den Osten und den Westen von Europa nicht nur berührt, sondern tatsächlich selbst in seinem eigenen unermesslichen Schoße birgt.

W. P.

Abbildungsverzeichnis

Hess. Denkm. Archiv.

WIMPFEN AM BERG. KAISERPFALZ.
Saalbau von der Neckarseite. Frühes 13. Jahrhundert.

Bad. Denkm. Archiv, W. Kratt, Karlsruhe.

ZWINGENBERG AM NECKAR. BURG.
Anfang des 15. Jahrhunderts. Ursprünglich Zwingenbergisch.

Bad. Denkm. Archiv, W. Kratt. Karlsruhe.

ZWINGENBERG AM NECKAR. BURG.
Anfang des 15. Jahrhunderts. Der Bergfried älter.

Emil Hartmann, Straßburg.

RUINE ULRICHSBURG BEI RAPPOLTSWEILER.
Wesentlich aus dem 13. Jahrhundert; auf Unterbau des 11. Jahrhunderts.

Neue Photogr. Ges., Steglitz.

HEIDELBERG. SCHLOSS DER PFALZGRAFEN.
Hauptbauzeit 1544–1632.

Emil Hartmann, Straßburg.

RUINE GIRSBERG BEI RAPPOLTSWEILER.
Kleinste der 3 Burgen bei R. Ende des 13. Jahrh. Egisheimisch,
später Rappoltsteinisch.

Bad Denkm. Archiv, W. Kratt, Karlsruhe.

SCHLOSS LIEBENSTEIN.
Oberamt Besigheim, Württemberg. Wesentlich aus dem späteren 16. Jahrhundert.

Bad. Denkm. Archiv, W. Kratt, Karlsruhe.

SCHLOSS IN MENZINGEN
in Baden.

Bad. Denkm. Archiv, W. Kratt, Karlsruhe.

SCHLOSS GOTTESAU BEI KARLSRUHE.
1588–1597. Veränderung nach 1735.

Gebr. Metz, Tübingen.

SCHLOSS HELLENSTEIN BEI HEIDENHEIM.
1537 neu erbaut. Herzoglich Württembergisch.

TÜBINGEN. SCHLOSS.
1. Hälfte des 16. Jahrhunderts. Herzoglich Württembergisch.

Gebr. Metz, Tübingen.

MEERSBURG AM BODENSEE.
Altes Schloss der Bischöfe von Konstanz. Hauptsächlich a. d. 16. Jahrh.

DEUTSCHORDENS-SCHLOSS IN MERGENTHEIM.
[Württembergisch Franken.] Ansicht mit dem Haupttor. Nach 1572.

Privataufnahme: Dr. Trapp, Friedberg.

FESTES KLOSTER GROSSKOMBURG.
Bei Schwäbisch Hall. 11. bis 18. Jahrh. Benediktinerorden.

Bad. Denkm. Archiv, W. Kratt, Karlsruhe.

SCHLOSS NEUENSTEIN-HOHENLOFE.
Bei Oehringen, vor der Erneuerung. 16. Jahrh.

Hoffotogr. Brandseph, Stuttgart.

STUTTGART. ALTES SCHLOSS. ANSICHT MIT KAPELLE.
Wesentlich von Alberlin Tretsch. Seit 1553.

Gebr. Wehrli, Kilchberg.

THUN. SCHLOSS ZÄHRINGEN-KYBURG.
Erbaut 1182. Eingebaut: Amtsschloss des Berner Schultheißen 1429.

Gebr. Wehrli, Kilchberg.

SCHLOSS FRAUENFELD, SCHWEIZ.
Alter Sitz der schweizerischen Landvögte seit dem 11. Jahrh.

Gebr. Wehrli, Kilchberg.

ORTENSTEIN IN GRAUBÜNDEN.
Burg der Geschlechter Werdenberg von Sagans und Tschudi von Juvalt.

Otto Schmidt, Wien.

CHURBURG IM VINTSCHGAU.
Zum Teil frühes 16. Jahrh. Eigener Adel –
Vögte von Matsch – Grafen Trapp.

Otto Schmidt, Wien.

RUNKELSTEIN BEI BOZEN.
Vintlerburg. Nach 1400. Wiederhergestellt 1884.

Otto Schmidt, Wien.

TROSTBURG BEI WAIDBRUCK. TIROL.
Gräflich Wolkensteinisch.

SCHLOSS SCHWERTBERG.
Oberösterreich.

BURG PERSEN,
Südtirol. Alte deutsche Anlage. Jetzige Gestalt 16. u. 17. Jahrh.

FESTUNG HOHENSALZBURG.
Bei Salzburg. Zumeist aus dem 16. Jahrhundert.

SCHLOSS RAPOTTENSTEIN.
Niederösterreich. Eingang ins Schloss.

Privataufnahme.

VIECHTENSTEIN.
Alte Donauveste der Reichsgrafen von Pachta.

Privataufnahme: Arch. Kempf, Pasing.

PASSAU: OBERHAUS UND NIEDERHAUS.
Ehemal. bischöfl. Vesten, durch Wehrgang verbunden.
Gründungen 13. Jahrh. Veränderungen im 16. u. 17. Jahrh.

SCHLOSS HARDEGG.
Niederösterreich.

BURGHAUSEN A. D. SALZACH. OBERBAYERN.
Teilansicht der riesigen Gesamtanlage v. 1100 m Länge.
Herzogl. Bayr. Schloss. 13. bis 15. Jahrh.

NEUBURG A. D. DONAU.
Herzogl. Schloss 1530–1557. Ostflügel (rechts) seit 1665.
Neubau durch Pfalzgraf Ott-Heinrich.

46

FRIEDRICHSBURG IN VOHENSTRAUSS.
Oberpfalz. 1586 von Leonh. Greineisen erbaut.

SCHLOSS FÜSSEN IM ALLGÄU.
Ehemalig bischöfl. Augsburgisch. Wesentlich um 1500.

Veith'sche Buchh., Donauwörth.

HARBURG BEI DONAUWÖRTH.
Fürstl. Öttingensches Schloss. Wesentlich 16.–17. Jahrh.

Ferdinand Schmidt, Nürnberg.

SULZBACH I. D. OBERPFALZ, PFALZGRÄFL. SCHLOSS.
1582 von Ott-Heinrich II. erbaut. Umbau 1618–1620.

A. Dittmar, Landshut.

BURG TRAUSNITZ BEI LANDSHUT.
Herzoglich Bayrisch. Jetzige Gestalt wesentlich 16. Jahrh.

SCHLOSS PARSBERG.
Bayrische Oberpfalz. Wesentlich seit Mitte des 15. Jahrh.; Turmhelme 16.–17. Jahrh.

WILLIBALDSBURG BEI EICHSTÄTT.
Bischöflich; 1609–1619 von Joh. Albertaler gebaut. Entwurf von Elias Holl.

KADOLZBURG BEI FÜRTH.
Stammburg der fränkischen Hohenzollern. Innenhof, wesentlich Anfang des 16. Jahrh.

Schmidt, Nürnberg.

NÜRNBERG.
Fünfeckiger Turm und Luginsland mit Torhaus.

Ferdinand Schmidt, Nürnberg.

KADOLZBURG.
Außenansicht. 1248–1500.

PLASSENBURG.
Bei Kulmbach. Innenhof. Wesentlich 1559–1569
von Alberlin Tretsch und Blasius Bernwart.

Hoffotogr. K. Gundermann, Würzburg.

WÜRZBURG. FESTUNG MARIENBERG.
Uralt. Seit 1250 bischöfl. Schloss. Jetzige Hauptbauten späteres 15.
und späteres 16. Jahrh.

Hoffotogr. K. Gundermann, Würzburg.

SCHWARZENBERG BEI SCHEINFELD, MITTELFRANKEN.
Fürstl. Schwarzenbergisches Schloss. Wesentlich 1607–1672. (Turm.)
Nach Angaben des Elias Holl von Augsburg und der Wolffs von Nürnberg.

SCHLOSS MAINBERG BEI SCHWEINFURT.
Wesentlich 16. Jahrh.

SCHLOSS RIMPAR.
Bei Würzburg. Wesentlich Ende d. 16. Jahrh. Grumbachisch;
später bischöflich würzburgisch.

KURZMAINZISCHES SCHLOSS ASCHAFFENBURG.
Innenhof. Der mittlere Turm noch aus d. 15. Jahrh.
Von dem 1552 zerstörten älteren Schlosse.

C. Samhaber, Aschaffenburg.

KURZMAINZISCHES SCHLOSS ASCHAFFENBURG.
1605–1614 von Georg Ridinger aus Straßburg für Erzbischof Johann Schweickart erbaut.

Privataufnahme: Dr. Feulner, München.

BURGPROZELTEN AM MAIN.
Wesentlich 13.–14. Jahrh. Klingenbergisch – Mainzisch –
Deutschordensburg – Wertheimisch. Zerstört 1688.

C. Samhaber, Aschaffenburg.

WERTHEIM AM MAIN.
Stammschloss der Fürsten Löwenstein, zerstört im Dreißigjährigen Kriege.

Atelier Susanne Homann, Darmstadt.

FÜRSTENAU IM ODENWALD.
Schloss der Grafen Erbach-Fürstenau. Wasserburg. 14.–17. Jahrh. Schwibbogen 1588.

Privataufnahme: Prof. Dr. Neeb, Mainz.

BREUBERG IM ODENWALD.
Erbachisch-Löwensteinischs Schloss. Mittelalterlich, im 16. Jahrh. Vergrößert.

Jos. Magnus, Darmstadt.

LICHTENBERG IM ODENWALD.
Schloss der Grafen Hanau-Lichtenberg. 1570–1581 von Philipp Ballessen erbaut.

Atelier Susanne Homann, Darmstadt.

RUINE GREIFENSTEIN IM WESTERWALD.
13. u. 14. Jahrh. Greifensteinisch, dann gräfl. Solmsisch.

MARKSBURG BEI BRAUBACH.
Vor der Wiederherstellung. Wesentlich 14. u. 15. Jahrh.; Eppsteinisch, dann Katzenellenbogisch.

DIE PFALZ BEI CAUB.
Gegr. 1327 von Ludwig d. Bayer als Rheinzollburg. Später Pfälzisch. Umbau 17. Jahrh.

BÜRRESHEIM, BURGHOF.
Tiefliegender Schachteingang. Hauptformen späteres 16. Jahrh.

Wildeman, Darmstadt.

BÜRRESHEIM I. D. EIFEL.
Nettetal. Hauptbau 1473. Neubau 1559–1561.
Lange Zeit im Besitz mehrerer Erbenfamilien.

Zedler & Vogel, Darmstadt.

MAYEN, GENOVEVABURG.
Trierische Burg, mit der Stadtbefestigung verbunden.
Wesentlich 13. Jahrh. Veränderungen 17. u. 18. Jahrh.

BURG ELTZ A. D. MOSEL.
Vor der letzten Erneuerung. Seit 1157 ununterbrochen eltzischer Besitz. –
Ganerbenburg für vier Familienzweige.

SCHÖNBURG BEI OBERWESEL.
Wesentlich 14. Jahrh. – Ganerbenburg – 1688 zerstört.

BURG LAHNECK.
Kurmainzisch. Wesentlich 14. Jahrh. Erneuert 1860.

Wildeman, Darmstadt.

RUNKEL.
Rückseite der Burg. Wohngebäude im 17. u. 18. Jahrh. wiederhergestellt.

Wildeman, Darmstadt.

MARTINSBURG. OBERLAHNSTEIN.
Kurmainzisch. Wesentlich 14. u. 15. Jahrh. Dachformen d. 18. Jahrh.

Wildeman, Darmstadt.

DIEZ A. D. LAHN, ALTES SCHLOSS.
Wesentlich 15. Jahrhundert.

WEILBURG, HOF DES GRÄFL. SCHLOSSES.
Ursprünglich Konradinerburg. Jetzige Gestalt wesentlich späteres 16. Jahrh.

Hoffotogr. Bender, Limburg.

BURG RUNKEL AN DER LAHN.
Alter Besitz der Vorfahren der Fürsten Wied. Wesentlich 13. u. 14. Jahrh.

Jacob Schulz, Marburg.

SCHLOSS MARBURG.
13.–16. Jahrh. Thüringisch, später hessisch.

Eigene Aufnahme für den Verlag.

RONNEBURG IN OBERHESSEN.
Isenburgisch. 16. Jahrh.

DIE OSTERBURG BEI WEIDA.

BURG SCHNELLENBERG BEI ATTENDORN.
Grafen Fürstenberg-Herdringen. 1594–1607. Weiter ausgebaut im Laufe des 17. Jahrhdts.

DIE WARTBURG.
Sitz der thüringischen Landgrafen und Meißener Markgrafen.
13. u. 14. Jahrh. Sehr erneuert, z.T. verändert.

BURG LAUENSTEIN.
An der Grenze fränkischen und thüringischen Gebietes.
13., 14., 16., Jahrh. Hauptbau 1551–1554.

Kersten Söhne, Altenburg.

ALTENBURG. HERZOGL. SCHLOSS.
Im 11. u. 12. Jahrh. Kaiserpfalz. Jetzige Gestalt 15.–18. Jahrh.

RUDELBURG A. D. SAALE.
12. bis 16. Jahrh. Markgrafen von Meißen, dann Schenken von Saaleck.

HALLE A. D. SAALE, DIE MORITZBURG.
Vor den letzten Einbauten. – 1484–1509 für Erzbischof Ernst von Magdeburg erbaut.

Neue Fotogr. Ges., Steglitz.

MERSEBURG, SCHLOSSHOF.
1480–89. Bischöflich. 1605 für Herzog Georg von Sachsen umgebaut.
Aus dieser Zeit der Hof.

Atelier Frühauf, Rochlitz.

SCHLOSS ROCHLITZ A. D. MULDE.
Kursächsisch. Späteres 15. Jahrh. Zum Teil von Arnold von Westfalen.

SCHLOSS NOSSEN.
Kgr. Sachsen. Wesentlich 16. u. 17. Jahrh. auf älterer Grundlage.

Atelier Heinicke, Freiberg.

SCHLOSS KRIEBSTEIN, A. D. ZSCHOPAU.
Kgr. Sachsen. 14.–16. Jahrh.

DIE ALBRECHTSBURG IN MEISSEN.
Hauptbau 1471–1485 von Arnold von Westfalen.

DRESDEN, GROSSER HOF DES KGL. SCHLOSSES.
1548 und später.

SCHLOSS HARTENFELS IN TORGAU.
Auf älterer Grundlage 1533–1544 und 1616–1623 erbaut.

SCHLOSS HARTENFELD IN TORGAU. INNENHOF.
Ostflügel mit Treppenhaus von Konrad Krebs, 1533–1535.

Atelier Heinicke, Freiberg.

SCHLOSS ALT-HÖRNITZ BEI ZITTAU.
1651 erbaut von Valentin von Zittau.

SCHLOSS FRIEDLAND, NORDBÖHMEN.
Wallensteins Besitz.

PIASTENSCHLOSS BRIEG IN SCHLESIEN.
Wesentlich 1544–1586 erbaut.

K. Messbildanstalt, Berlin.

HERZOGL. SCHLOSS IN OELS IN SCHLESIEN.
Hof von Hans Lucas erb. Seit 1585.

Neue Fotogr. Ges., Steglitz.

SCHLOSS FALKENSTEIN IM OSTHARZ.
Reichsburg, später Asseburgisch. – Jetzige Gestalt wesentlich 16. Jahrh.
Kern des Turms noch romanisch.

Atelier Noelle, Göttingen.

HANSTEIN BEI WITZENHAUSEN.
Wesentlich frühes 14. Jahrh. – Lehen von Kurmainz, später Hansteinisch.

Zedler & Vogel, Darmstadt.

HERZOGL. SCHLOSS IN BERNBURG A. D. SAALE.
Im Wesentlichen späteres 16. Jahrh. Der Bergfried viel früher.
Ausbau bis Anfang des 18. Jahrh.

Zedler & Vogel, Darmstadt.

SCHLOSS CELLE IN HANNOVER.
Ostflügel. Wesentlich 16. Jahrh.

Herzogl. Museum, Braunschweig.

NEUHAUS IN BRAUNSCHWEIG.
Amtsburg. 14 Jahrh. u. später.

QUEDLINBURG, REICHSUNMITTELBARES FRAUENSTIFT.
Gründung 10. Jahrh. Hauptbau: Zweite Hälfte des 16. Jahrh.

Hoffotograf Tellgmann, Eschwege.

SPANGENBERG IN NIEDERHESSEN.
Hessen-Kassel'sches Schloss a. d. 16. Jahrh.

F.H. Bödeker, Hildesheim.

HÄMELSCHENBURG BEI HAMELN.
Schloss derer von Klencke. 1588–1599.

Geh. Rat Ludorff. Aus „Bau- u- Kunstdenkm. v. Westfalen."

WASSERSCHLOSS ASSEN.
Westfalen, Kreis Beckum. 16. Jahrh.

Zedler & Vogel, Darmstadt.

DETMOLD, FÜRSTL. RESIDENZSCHLOSS.
Flügel des späteren 16. Jahrh. Kern des Turms älter.

Privataufnahme: Redakteur Klein, Essen.

HAUS HORST A. D. EMSCHER.
Einzig erhaltener Flügel. Früher vier reich geschmückte Flügel um quadratischen Innenhof. Erbaut Mitte des 16. Jahrhunderts von Meistern der Calcarer Schule.

Hoffotograf Eberth, Kassel.

GRÄFLICHES SCHLOSS WALDECK.
Mittelalterlich. 1621 zur Festung eingerichtet.

K. Messbildanstalt, Berlin.

HAUS VISCHERING IN WESTFALEN.
Kreis Lüdinghausen. Erbaut seit 1519. Wasserburg.

Geh. Rat Ludorff. Aus „Bau- u. Kunstdenkm. v. Westfalen".

WASSERBURG ITLINGEN IN WESTFALEN.
Kreis Lüdinghausen. 17. Jahrhundert.

Atelier Dr. Quedenfeldt, Düsseldorf.

HOCHSCHLOSS HÜLCHRATH, HAUPTTURM.
Erftburg, Kreis Grevenbroich. Jetzige Gestalt 14.–17. Jahrhundert.
Kern der Anlage 12. Jahrh.

Privataufnahme: Architekt Wildeman, Darmstadt.

BURG HEIMERZHEIM A. D. SWIST.

Atelier Dr. Quedtenfeldt, Düsseldorf.

SCHLOSS LIEDBERG BEI RHEYDT.
14.–17. Jahrh. Hochschloss.

Atelier Dr. Quedtenfeldt, Düsseldorf.

SCHLOSS MILLENDONCK BEI M. GLADBACH.
Wasserburg. Hauptsächlich 14. u. 15. Jahrh. Umbauten 1595 und 1630.

SCHLOSS KÖNIGSBERG I. PR.
13.–16. Jahrh. Ordensschloss. Später Herzoglich. Dann Königlich.

105

Atelier Hinz, Flensburg.

SCHLOSS GLÜCKSBURG BEI FLENSBURG.
1582–1587 von Nikolas Karies erbaut.

K. Messbildanstalt, Berlin.

Schloss Karls IV. in Tangermünde.
Mitte des 14. Jahrh. Rundturm u. Speicher II. Hälfte des 15. Jahrh.

MARIENBURG. SCHLOSS DES DEUTSCHEN ORDENS.
1280 gegr. Seit 1309 Sitz des Hochmeisters. Wesentlich 14. Jahrh. Stark erneuert.

ORDENSSCHLOSS GOLLUB
An der Drewenz, Westpreußen. Um 1300.

Atelier Dr. F. Stoedtner, Berlin. NW.

RHEDEN IN WESTPREUSSEN.
Deutschordensschloss. 13.–14. Jahrh. Gegründet von Hermann Balk.

MARIENBURG. REMTER DES MITTELSCHLOSSES.
Erste Hälfte des 14. Jahrh.

SCHLOSS ALLENSTEIN IN ERMLAND.
Nach Mitte d. 14. Jahrh. – Bischofsburg.

Privataufnahme: Dr. V. Roth, Hermannstadt.

WURMLOCH.
Siebenbürgen. Zur Festung umgestaltete Gemeindekirche. Vollendet 1526.
Der Turm im Kern romanisch.

Siebenbürgisch-Sächsische Kirchenburg in Eibesdorf,

SIEBENBÜRGEN.
Aus: Sigerus „Siebenb. Sächs. Kirchenburgen". 10. Auflage Drotleff, Hermannstadt.

Privataufnahme: K. v. Löwis af Menar in Riga.

SCHLOSS NARVA IN ESTLAND.
Bis 1558 Deutschordensschloss.

PATAVIUM. Paſſaw.

A. Rit Statt. B. Oberhaiſen. C. Niderhaiſen. D. Der Dom. E. Ieſuiter. F. In Statt. G. Maria Hilff Cloſter. H. Capuciner Cloſter J. S. Bartelmey.

Ansicht von Passau mit „Oberhaus" und „Unterhaus" im Vordergrunde. [Nach Merian.]

ANSICHT VON PASSAU MIT „OBERHAUS" UND „UNTERHAUS"
IM VORDERGRUNDE. [NACH MERIAN.]